Commandant QUENEDEY

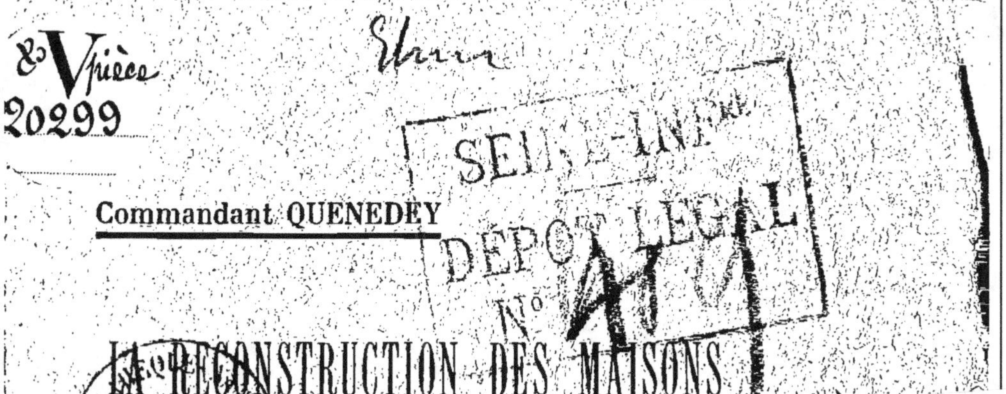

LA RECONSTRUCTION DES MAISONS
APRÈS LA GUERRE

LES ANCIENS TYPES DES PAYS DÉVASTÉS

RÉPONSE

AU

DISCOURS DE RÉCEPTION DE M. CHIROL

A l'Académie des Sciences, Belles-Lettres et Arts de Rouen

Extrait du Précis 1919

ROUEN

Imprimerie CAGNIARD -:- Léon GY -:- Albert LAINÉ, successeur
Rue des Basnage, 5.

—

1920

Commandant QUENEDEY

LA RECONSTRUCTION DES MAISONS
APRÈS LA GUERRE
LES ANCIENS TYPES DES PAYS DÉVASTÉS

RÉPONSE AU DISCOURS DE RECEPTION DE M. CHIROL

A l'Académie des Sciences, Belles-Lettres et Arts de Rouen

Extrait du Précis 1919

ROUEN

Imprimerie CAGNIARD -:- Léon GY -:- Albert LAINÉ, successeur
Rue des Basnage, 5.

1920

RÉPONSE

AU

DISCOURS DE RÉCEPTION DE M. CHIROL

Par M. le Commandant QUENEDEY.

LA RECONSTRUCTION DES MAISONS APRÈS LA GUERRE

LES ANCIENS TYPES DES PAYS DÉVASTÉS

Monsieur,

Il y a dix ans, dans une salle de ce même hôtel, nous faisions tous deux nos premières armes sur le terrain de l'archéologie. Par une singulière coïncidence, nous nous attachions l'un et l'autre à ce xviii° siècle, qui fut à Rouen une ère si prospère pour la construction. Nous décrivions deux hôtels élevés par les soins de M. Guillot de la Houssaye, personnage considérable de l'époque. Ce n'est pas sans mélancolie que j'évoque le souvenir de ce passé déjà lointain, qui, s'il marque l'origine de nos relations, me rappelle aussi la présence de camarades fauchés dans la tourmente de la guerre. Aujourd'hui, il m'est dévolu de vous recevoir dans notre Compagnie. C'est une mission dont je m'acquitte bien volontiers, car elle me permet de saluer en vous l'archéologue observateur et l'architecte de talent.

Comme archéologue vous avez fait vos preuves. C'est par vous qu'a été étudié et décrit l'hôtel de la Présidence, qui nous abrite aujourd'hui. Vos conférences des Mardis littéraires ont été fort appréciées, ainsi que le Rapport du centenaire de la Commission des Antiquités, avec l'ingénieux parallèle entre l'abbé Cochet, type de l'archéologue explorateur, et M. de Beaurepaire, le savant qui fait parler les textes. Aujourd'hui, vous avez retracé toute une page de l'histoire architecturale de la France et fait revivre l'intéressante figure de cet Alavoine, dont la flèche est devenue partie intégrante de la silhouette de Rouen.

Mais c'est surtout l'architecte qui m'intéresse en vous, et je ne puis laisser passer l'occasion d'esquisser une analyse de votre méthode. J'avoue d'ailleurs franchement que cette analyse sert les besoins de ma cause et forme l'introduction presque nécessaire de la question que je me propose de traiter.

Dès votre enfance, vous vous êtes orienté vers la profession d'architecte et vous avez eu le rare bonheur d'être puissamment soutenu par l'inlassable dévouement d'une mère qui a toujours eu foi dans votre succès. Entré aux Beaux-Arts, vous êtes le premier élève qui ait suivi les cours

de l'Ecole du Louvre. Dans ce double enseigne-
ment vous avez puisé l'amour et la compréhension
du moyen-âge ainsi que le goût du classique,
tandis que l'étude approfondie de l'hôtel de la
Présidence provoquait chez vous une admiration
toute particulière pour cet art du xviiie siècle si
fin et si éclairé. Ajouterai-je que le décor Empire
lui-même n'a pas échappé à vos investigations ?
C'est sans doute cette préparation si complète,
ayant abordé tous les genres, qui a déterminé les
caractères de vos œuvres architecturales, caractères que l'on voit apparaître déjà dans la *Maison
du marin*, projet qui vous a valu votre diplôme
et une médaille au Salon de 1911.

Le premier de ces caractères est le traditiona-
lisme : vous vous montrez l'héritier de l'art qui
vous a précédé et non le novateur farouche et ab-
solu faisant table rase du passé. Vous avez raison : *Natura non facit saltus*, et ce qui est vrai
pour la nature l'est aussi pour l'homme. Ce tra-
ditionalisme apparaît dans l'allure romane de
l'église de Fauville et dans les arcs de structure
romaine de l'église de Petit-Quevilly ; au manoir
de Saint-Adrien il se retrouve dans les enfilades,
chères au xviie siècle, des appartements de réception. Mais il n'est pas une servile imitation des
formes anciennes et ne consiste pas à affubler au
petit bonheur et sans raison une construction moderne d'un décor antique. Il est plutôt une inter-
prétation qu'une copie. Tout en prenant son point

de départ dans le passé, l'application reste moderne et l'emploi d'un motif ancien est toujours justifié.

Un deuxième caractère, bien apparent aussi, est la franchise d'expression, par laquelle se traduisent extérieurement les dispositions intérieures. Je n'en citerai qu'un exemple, général dans les habitations que vous avez conçues et élevées, Maison du Marin, hôtel 26 rue Pouchet, manoir de Saint-Adrien, maisons ouvrières de Pavilly : ce sont ces grandes baies du rez-de-chaussée, accusant la salle commune ou l'appartement de réception, et les fenêtres plus étroites des étages, correspondant aux chambres.

Mais l'un des côtés les plus originaux de votre méthode est la manière dont vous traitez la composition et la décoration. Vos constructions sont des ensembles, dans lesquelles les masses s'équilibrent et où les effets sont obtenus par des moyens simples, différences dans la hauteur, saillies et rentrants dans les façades. La même remarque s'applique à l'allure générale de la décoration, où règne une incontestable unité. On n'y voit pas cette poussière d'ornements, qui se dissémine partout en détails plus ou moins heureux et sans grands rapports entre eux. Chez vous, la décoration est un système : elle procède par grandes lignes ou par masses, se décomposant plus ou moins en éléments étroitement liés entre eux. A l'église si intéressante de Petit-Quevilly,

toute l'ornementation dérive d'une double ran-
gée d'arcatures combinée avec le décor des con-
treforts et les arcs des fenêtres. A la maison de la
rue Pouchet, elle se localise dans les encadre-
ments de pierre des ouvertures. Est-il besoin de
dire qu'elle est toujours d'accord avec la structure et ne pratique pas l'art trompeur du maquil-
lage ?

Si, d'autre part, on examine le programme de
vos constructions, on discerne au premier coup
d'œil la souplesse de conception et le sens pratique qui donnent la meilleure utilisation de l'espace. Les saillants et les rentrants vous servent
souvent non seulement à donner du relief à vos
façades, mais encore à réaliser à l'intérieur une
avantageuse disposition des pièces. Vous avez
ainsi obtenu au manoir de Saint-Adrien une
distribution remarquablement pratique.

Une pareille méthode s'accommode facilement
de moyens simples. Or précisément un fait digne
de remarque est la simplicité de vos procédés,
qui consistent essentiellement dans l'emploi des
saillies et dans le jeu des briques de couleur.
Vous êtes un virtuose de la brique, dont vous
tirez des effets surprenants, donnant un éclatant
démenti à ceux qui l'appellent avec mépris : la
pierre du pauvre. Ce sont ces procédés qui vous
ont permis de réaliser dans les maisons ouvrières
de Pavilly, avec leurs pavillons et avec leurs

chaînages de briques, une variété d'aspect qui les distingue nettement de ce que l'on voit d'ordinaire dans ce genre de constructions. Vous avez montré par là qu'on peut faire autre chose pour ce type d'habitation que des séries uniformes et suant l'ennui. L'importance de ce fait n'échappera à personne, anjourd'hui surtout que les agglomérations ouvrières se créent sans cesse ou se développent et alors que nous nous trouvons face à face avec le formidable problème de la reconstruction de nos maisons détruites par la guerre.

Ce problème, Monsieur, flottait dans ma pensée pendant que je cherchais à analyser votre œuvre, que l'Académie a appréciée à sa valeur en vous admettant dans son sein. Peut-être me suis-je laissé entraîner à vous tenir un peu longtemps sur la sellette ; mais un archéologue résiste difficilement à la tentation de creuser une question d'archéologie, même moderne. J'avais d'ailleurs un but bien déterminé. Je voulais voir et montrer ce que pouvaient être les architectes du xxe siècle en examinant ce qu'était l'un d'eux et des meilleurs. Votre exemple m'a permis de faire ressortir ces caractères qui, à mon avis, sont appelés à être, dans le problème posé tout à l'heure, d'une si précieuse utilité : l'esprit de tradition, la franchise dans l'expression, la largeur de conception, la souplesse d'esprit jointe au sens pratique, enfin l'emploi de moyens simples.

J'aborde maintenant le sujet même que je me
propose de traiter aujourd'hui : comment pou-
vons-nous concevoir la reconstruction de nos
maisons détruites ? En vue de rester dans de
justes limites, je ne m'attacherai qu'aux habitations rurales.

Sur une bande de terrain de sept cents kilomètres de long sur soixante à quatre-vingts de large,
s'étendant sur environ cinq millions d'hectares,
le sol est disloqué, les maisons sont ruinées. Assu-
rément, dans beaucoup de pays, la destruction n'est
pas totale ; mais, même dans ces contrées, des
villages ou tout au moins des quartiers entiers
ne forment plus que des pans de mur croulants.
Transportons-nous dans cette région de misère,
qui s'appelle la zone du front : là, la France, désolée
et meurtrie, voit, sur des milliers de lieues, sa
terre écorchée et son sous-sol à vif, formidable
dévastation qui a tout anéanti, horrible ulcère
qui la ronge des Vosges à la mer du Nord. On
cherche un village : on marche, on marche, nulle
trace, nul vestige. On va plus loin : rien. On re-
vient : toujours rien. Le village a disparu, disparu comme les villes enchantées qui, dans les
contes, s'envolent sous le souffle des fées. Son
emplacement même est effacé de la surface de la
terre. Les forêts n'ont pas échappé à l'ouragan.
J'ai toujours devant les yeux, aussi vivant que le

2 juin 1916, alors que, du ravin du Bazil, je contemplais le bois de la Caillette, ce spectacle invraisemblable et pourtant réel de la forêt rasée, où quelques rares troncs déchiquetés, d'un mètre de hauteur, attestaient qu'il y avait eu là des arbres. Je revois encore le ravin du tunnel de Tavanne, aux flancs déchirés, blancs de calcaire, et ce plateau, troué comme une gigantesque écumoire, que couronnait la masse tronconique du fort de Vaux.

Dans cette région infernale, tout est mort : les hommes, les plantes et la terre. La terre, volatilisée, a diparu. Le sous-sol a vomi de la roche : à perte de vue s'étend un champ de pierre, inégal, bossué, raviné, immense solitude où il ne reste rien, pas un arbre, pas un être vivant.

Faisons le bilan de toutes ces destructions : il se traduit par la ruine de cités entières, comme Reims, Arras, Péronne, et se chiffre au total par la dévastation de plus de trois mille villes et villages, contenant au moins deux cent cinquante mille immeubles complètement anéantis et environ deux cent mille partiellement détruits.

Comment les reconstruira-t-on ? Deux écoles sont en présence. La première considère le thème *maison ou édifice pour pays envahi* comme un prétexte tout trouvé pour faire des exercices de composition et de dessin. Les jeunes architectes, dans leur cabinet, donnent libre carrière à leur imagination. Il en sort des constructions plus ou moins étranges, triomphe des carcasses de fer et du ciment armé. Le seul malheur est que ces conceptions d'atelier s'adaptent difficilement à la réalité : il faut chercher le pays auquel peut convenir la maison, alors que la maison aurait dû être construite pour le pays.

En opposition avec cette théorie, la deuxième école cherche à faire revivre les vieux types d'habitation. Telle a été la raison d'être de l'intéressant travail de M. Ventre, dont les croquis complètent fort heureusement l'enquête sur l'habitation en France, entreprise par M. de Foville. Encore convient-il dans cet ordre d'idées de se garder de toute exagération ; il y a bien des points critiquables dans les vieilles demeures et la question se pose de savoir dans quelle mesure les conditions qui ont présidé à leur construction existent encore aujourd'hui.

Nous allons donc étudier d'abord les types anciens et nous examinerons ensuite quelles sont les conditions actuelles et quels progrès on peut réaliser.

*
* *

Dans les questions relatives à l'habitation, trois points principaux sont à considérer : les matériaux de construction, fournis par le sol et le sous-sol ou amenés par les voies de communication ; le climat, qui régit les conditions de l'abri ; enfin les occupations ou habitudes de la population, qui

12

dérivent en grande partie de l'utilisation du sol
même.

Au début de l'histoire, la France se trouvait
presque entièrement couverte par la grande forêt
qui, de l'Atlantique à l'Oural, s'étalait sur toute
l'Europe. Aussi la maison de bois était-elle ori-
ginairement répandue partout, ainsi qu'en témoi-
gnent les vestiges subsistant encore dans bien des
pays où elle n'est plus actuellement en usage.
Mais, lorsque les populations eurent appris à con-
naître et à utiliser les matériaux du sous-sol, la
maison de pierre la supplanta partout où les ressources du terrain le permirent. On sait que la
France du Nord-Est, ou bassin parisien, est géo-
logiquement constituée par une série de couches
emboîtées les unes dans les autres, formant autour
de Paris des anneaux concentriques de terrains
différents. Au premier coup d'œil, nous voyons
s'y dessiner les domaines respectifs de la maison
de pierre et de la maison de bois et nous constatons que leurs limites concordent en général
d'une manière frappante avec les limites géolo-
giques. La première règne sur les terrains riches
en pierre à bâtir ; elle s'étend sur le grand cercle
intérieur formé par la région parisienne, assise
sur le calcaire grossier ; elle disparaît sur le premier anneau, qui l'entoure immédiatement, pour
se montrer de nouveau sur le deuxième, constitué
par la couronne jurassique et triasique de Lorraine. La maison de bois s'étale sur l'anneau

intermédiaire, région de craie impropre à la construction : en Flandre, Artois, Picardie et Champagne ; plus à l'Est, elle reparaît en Alsace.

La surface même du sol peut d'autre part fournir d'excellents matériaux. Dans le Nord de la région crayeuse, elle est constituée par un limon argileux qui, pétri avec de la paille hachée, forme la bauge ou le pisé, utilisé pour le remplissage ou hourdis des pans de bois. C'est ainsi que se construisaient les vieux types. Moulé et cuit, le limon donne la tuile et la brique, d'un usage plus courant aujourd'hui.

L'action du climat se traduit par quelques caractères généraux qui affectent principalement la toiture et les fénestrages. Dans les pays de pluie, le toit raidit ses pentes pour permettre un écoulement plus facile des eaux ; contre le vent, il s'aplatit afin d'offrir moins de prise.

Enfin, les occupations des habitants exercent également une sérieuse influence : les besoins du cultivateur, de l'herbager, du mineur, de l'ouvrier ne sont pas les mêmes. D'autre part, le mode de groupement de la population agit sur le type même de l'habitation par les conditions où il place les bâtiments et par l'étendue plus ou moins grande du terrain qu'il laisse à leur disposition. On constate que les maisons tendent à s'agglomérer autour des points d'eau, quand l'eau est rare ; sur les hauteurs ou à l'intérieur d'enceintes défendables, dans les cas d'insécurité ; autour des mines et des usines, dans les exploitations industrielles ; au centre des communes, lorsque la propriété est morcelée. Par contre, elles se dispersent, quand l'abondance de l'eau le permet, dans les régions de grande culture et dans les pays d'élevage. Par suite de la combinaison de ces diverses conditions, le mode de groupement présente de nombreuses variétés, depuis la dissémination des exploitations picardes jusqu'à la cohésion des villages lorrains,. Le type de l'habitation subit de ce chef une influence souvent considérable.

Les maisons de bois peuvent se ramener à trois types principaux : picard-flamand, champenois, alsacien.

Située dans un pays de limon, très fertile et où ne subsistent plus en général que des lambeaux de la vieille forêt européenne, la maison picarde est essentiellement agricole. Dans son complet développement, elle se montre à nous sous l'aspect d'une grande ferme, dont les quatre faces, soigneusement closes par l'effet d'une ancienne tradition de sécurité, enserrent une cour rectangulaire. L'habitation proprement dite est confortable : elle comprend une salle commune, une cuisine et plusieurs pièces. Toutefois, dans sa forme la plus simple, notamment en Flandre, ce type se réduit à un bâtiment de deux pièces. Les restes de la forêt ne fournissant que peu de bois, les pièces de charpente sont courtes et écartées : la bauge, tirée du limon du sol, constitue de notables portions du mur. Aussi les bâtiments n'ont-ils qu'un rez-de-chaussée. Au-dessus d'un soubassement bitumé pour éviter l'humidité, la maison, basse, élève ses murs enduits de chaux, couronnés par un grand toit de chaume à pentes raides. Le caractère pluvieux de la région se traduit non seulement par l'inclinaison de la toiture, mais encore par le prolongement de tuile qui déborde la façade et que l'on appelle la *panne*. Sous ce ciel nébuleux les fenêtres se font larges et nombreuses. A côté de cette vieille construction on voit se multiplier de plus en plus la maison de brique à un étage, elle aussi un produit du sol, type courant des habitations ouvrières qui constituent les agglomérations industrielles du Nord. Cette maison tire des dispositions et des colorations diverses de la brique des effets de décor souvent heureux.

La deuxième région de la maison de bois est constituée par la Champagne et l'Argonne. Elle diffère de la précédente par deux particularités. La première consiste dans l'absence de limon. La deuxième réside dans la proximité de la vaste forêt d'Othe et dans l'abondance des bois de la Champagne humide. Aussi, au lieu des maigres ossatures du Nord, trouve-t-on des pans de bois élevés et serrés : au-dessus du rez-de-chaussée s'élève un étage et les pièces verticales de la charpente sont très rapprochées. A défaut de limon, les interstices, d'ailleurs plus étroits, empruntent leurs remplissages aux gravats crayeux du sol. La toiture de tuile, généralement peu inclinée en raison du vent, est largement débordante dans les pays de pluie, pour mieux abriter la façade. La ferme, rectangulaire comme en Picardie, est plus ouverte sur l'extérieur, sans doute par suite des conditions historiques. L'habitation s'y loge au rez-de-chaussée, tandis que l'étage est utilisé comme grenier.

C'est en Alsace que fleurit le troisième type de la maison de bois. Là, le limon alterne avec le gravier torrentiel des rivières et les cultures, avec les bois. Le long de la plaine se dressent les Vosges, où de magnifiques forêts couvrent un socle de granite et de grès. Les maisons alsaciennes présentent en conséquence un mélange de bois et de pierre. Dans les villages, où elles se serrent les unes contre les autres, elles se développent en hauteur, vastes et cossues. Sur des rez-de-chaussée de grès s'élèvent des pans de bois comprenant plusieurs étages et formant de larges cadres remplis d'une maçonnerie enduite de chaux. Au dessus, les toitures de tuile aux pignons aigus raidissent leurs pentes contre la pluie.

Les maisons de pierre se répartissent en deux groupes principaux : le groupe de la région parisienne tertiaire, caractérisé par le type de l'Ile-de-France, et le groupe de la bande jurassique, représenté par le type lorrain.

Le type de l'Ile-de-France s'étend sur l'Ile-de-France proprement dite, le Soissonnais, le Laonnais et la Brie champenoise, où l'on trouve à la fois une terre fertile et d'excellente pierre à bâtir. Dans le Soissonnais, où la qualité du calcaire permet de le débiter en blocs réguliers, les beaux murs en pierre de taille soigneusement appareillée, les pignons à redans, semblables à des marches d'escalier, donnent à la moindre demeure un aspect seigneurial. Il faut avoir vu Vic-sur-Aisne, Cœuvres et les villages de la vallée de l'Aisne pour comprendre l'effet pittoresque et semi-urbain que peut donner la simple pierre employée rationnellement. L'usage de la pierre pour les murs, les refends et toutes les parties de la construction permet de juxtaposer deux pièces dans l'épaisseur de la maison, disposition fréquente ; aussi l'habitation ne présente-t-elle généralement qu'un étage, bien qu'il eût été facile de la faire plus haute. Sous ce climat relativement sec, la toiture, de tuile ou d'ardoise, est à pentes moyennes. Le programme, assez varié, comporte dans ses grandes lignes une salle commune, une cuisine et des chambres. Ce type présente quelques variantes : dans les pays de meulière, où le calcaire s'extrait en blocs irréguliers, comme le Tardenois et la Brie champenoise, les murs sont en moellons et souvent enduits de chaux. En Tardenois, les constructions possèdent fréquemment plusieurs étages. En Brie, la population est disséminée dans de grandes fermes rectangulaires, à l'aspect de forteresses, véritables seigneuries rurales qui formaient autrefois autant de citadelles.

Le type lorrain est celui que l'on trouve sur la bande jurassique, dont le calcaire est d'excellente qualité, et sur le Trias riche en grès et en calcaire coquillier. C'est la région formée par la Champagne du Sud-Est, le pays Meusien et la Lorraine. Dans cette contrée, d'une fertilité irrégulière, la propriété est très morcelée : chacun possède des terres dans les diverses parties de la commune. Aussi les habitations se groupent-elles au centre, souvent autour d'un point d'eau, formant un village resserré où elles se tassent les unes contre les autres. Chaque maison, ne disposant que d'un étroit espace, abrite sous un toit unique tous les locaux de l'exploitation rurale. On trouve, côte à côte, l'étable, la grange et l'habitation ; cette dernière avec ses trois pièces disposées en profondeur, une seule d'entre elles donnant sur la rue. Le mur, en moellon, est souvent crépi et s'élève d'un étage. La toiture, en tuile courbe ou en lave, pierre plate du pays, est très peu inclinée, ayant à satisfaire à la triple condition de prévenir le glissement des tuiles, d'offrir moins de prise au vent et de couvrir le grand espace occupé par le bâtiment. Extérieurement, la maison présente sur la rue sa porte rectangulaire accolée à une fenêtre, avec montants et linteaux d'une seule pierre ; à côté, se dresse la grande porte de la grange, en plein cintre et d'une belle allure, malgré la modestie de la construction. Dans les Vosges, massif primaire couvert de forêts sous un climat pluvieux, la maison, en grès dans le Nord, en granite dans le Sud, devient large et basse, se couvrant d'une haute toiture de tuile ou de bardeaux à pentes très inclinées, qui paraît l'envelopper tout entière pour la protéger.

*
* *

Voilà quels étaient les anciens types dans leurs caractères généraux. Parfaitement adaptés au milieu où ils avaient pris naissance, ils se montrent en rapport étroit avec le climat, les matériaux et les occupations des habitants. Seront-ils rétablis dans leur intégralité, modifiés ou remplacés ?

Constatons d'abord que le climat, qui ne saurait changer, subsiste avec toutes ses exigences. De ce côté-là rien n'est donc modifié.

La question des matériaux est plus complexe. On parle de maisons démontables en ciment armé, faites en série, que l'on expédierait vers les localités à reconstruire. Mais comment les transportera-t-on ? Songe-t-on qu'à l'époque de l'armistice les destructions portaient, pour les voies ferrées, sur cinq mille six cents kilomètres de voies simples, deux mille neuf cents kilomètres de voies d'intérêt local, et mille cinq cents ponts? Réfléchit-on qu'il y avait à refaire neuf mille kilomètres de routes, représentant à peu près dix fois la dimension à vol d'oiseau de la France du Nord au Sud? Et il faut encore ajouter à cette triste énumération plus de quatre-vingt-seize mille kilomètres de chemins de toute nature et de deux mille ouvrages d'art. Or, la question des matériaux est liée à celle des communications. Au moyen âge, en raison de la difficulté des échanges d'une région à l'autre, on n'employait presque exclusivement que les ressources locales. La multiplication des routes et surtout le développement des chemins de fer au XIXᵉ siècle provoquèrent l'importation des matériaux les plus avantageux, comme la pierre et l'ardoise. Et malgré tout, même à l'heure actuelle, les ressources locales sont de beaucoup les plus utilisées, surtout dans les pays qui s'écartent des grandes voies de circulation.

Mais le développement des communications a eu bien d'autres conséquences. En multipliant les contacts, il a déterminé l'immigration et la concentration de la population rurale dans les villes. En créant des moyens rapides de circulation, tels que les tramways, qui permettent de se transporter facilement dans les quartiers périphériques, il a favorisé l'extension des cités. En accroissant les transports, il a permis d'approvisionner les régions urbaines ainsi étendues. Mais, après avoir été ainsi créées par les communications, les agglomérations qui constituent les villes modernes en sont devenues étroitement dépendantes : le moindre trouble dans le fonctionnement de ces organes provoque des perturbations dans le mouvement et le ravitaillement de leur population, concentrée sur un espace anormal.

Or, dans la situation actuelle, où la question alimentaire prime tout et exige de nombreux moyens de transport, est-il admissible que l'on puisse expédier les matériaux nécessaires à la reconstruction de plus de deux cent cinquante mille immeubles et à la réparation de deux cent mille autres, matériaux que l'on n'importait même pas avant la guerre, puisque, dans leur généralité, les bâtiments étaient alors élevés au moyen des ressources du pays ? Ainsi qu'on vient de le voir, les villes tendront à attirer les matières expédiées dans les régions à reconstituer ; l'orientation des premiers travaux exécutés sur le réseau du Nord le démontre d'une manière évidente. Que restera-t-il pour les campagnes en matériaux de construction ? Les baraques en bois mises à leur disposition ne sont que des bâtiments provisoires. Il faut se rendre à l'évidence : la logique conclut à l'emploi des matériaux locaux : *toute atteinte aux communications provoque le développement de la localisation*. Au demeurant, l'emploi des ressources existantes pourra être amélioré : on a vu que dans les pays de limon la brique était susceptible de remplacer les pans de bois.

Ainsi donc, même climat, mêmes matériaux. La maison nouvelle reproduira-t-elle donc intégralement le type ancien ? Non ; car d'autres conditions pourront ou même devront changer.

Il convient en premier lieu de tenir compte des améliorations nécessaires résultant des données de l'hygiène et des perfectionnements techniques. *L'enquête sur les conditions de l'habitation en France* fait ressortir des défectuosités auxquelles il est d'ailleurs facile de remédier. C'est, d'abord, la hauteur souvent insuffisante des pièces : dans le canton de Froissy (Oise) elle est de un mètre quatre-vingt-quinze sous poutre. Les chambres sont fréquemment petites et peu nombreuses, d'où résultent un cubage d'air trop faible et une promiscuité fâcheuse pour la morale ; c'est le cas dans le Boulonnais, le Cambrésis, le pays de Valenciennes. Dans le type lorrain, la chambre centrale de l'habitation ne tire d'air et de lumière que des deux pièces qui l'encadrent ou de la vaste cheminée rectangulaire qui traverse le grenier et la toiture ; de plus, l'air est parfois vicié dans l'habitation, les cloisons qui la séparent des étables étant trop minces. Dans l'Oise, les fenêtres des maisons de bois sont petites et étroites. Enfin, une autre cause d'insalubrité réside dans le sol en terre battue, que l'on trouve un peu partout, et dont les inégalités forment des poches où séjournent les eaux ménagères.

Indépendamment des améliorations à réaliser, une cause de modifications est à prévoir dans les changements apportés aux occupations professionnelles des habitants et au mode de groupement des bâtiments. Par suite du bouleversement du sol, le genre d'exploitation des terres encore utilisables se transformera dans bien des cas : les nécessités auxquelles les constructions auront à satisfaire ne seront donc plus les mêmes. D'autre part, lorsqu'il faudra procéder au *remembrement* des propriétés en même temps qu'à la reconstitution des villages, l'ancien mode de groupement se trouvera maintes fois affecté. Or, on a vu quelle influence ce fait pouvait exercer sur le programme de la maison. Enfin, dans certains cas, il y aura même lieu de changer l'emplacement de l'ancienne localité, qui devra être reconstruite sur de nouvelles bases.

Une maison prenant son point de départ dans le type ancien pour le climat et les matériaux, avec des modifications conformes aux règles de l'hygiène et aux changements éventuels des occupations professionnelles, telle paraît devoir être la nouvelle habitation. C'est dire que l'architecte devra être aussi géographe. Mais il lui faudra

24

également posséder ces qualités que nous avons
énumérées déjà, qualités qui seules lui permet-
tront d'élever une maison confortable et pratique,
revêtant l'élégance d'aspect que nous devons
trouver dans une demeure vraiment française. Il
s'agit, en effet, tout en satisfaisant aux conditions
utilitaires, de ne pas déparer notre beau pays du
charme si puissant qu'il a toujours exercé.

Cela, nous le voulons, car cette résurrection de
la France nous l'avons payée assez cher: les
blessés ou infirmes de la guerre sont innom-
brables et quinze cent mille morts dorment là-bas
leur éternel sommeil. Oh vous, mes camarades,
mes frères d'armes, vous que j'ai connus et qui ne
reviendrez plus, vous que j'ai vus tomber autour
de moi dans la fournaise sanglante, si je prends
la parole aujourd'hui, c'est pour crier notre idéal
à tous : une France agrandie et puissante, rétablie
dans sa richesse et dans sa beauté. Et toi, terre
de France, qui as participé à toutes nos luttes,
jamais une mère et ses fils n'auront été aussi étroitement liés les uns les autres que nous ne l'avons
été, toi et nous. Nous avons combattu pour toi et
par toi. Sur ton sein nous avons rampé et nous
avons dormi. Aux jours de tourmente, lorsque
nous nous sommes accrochés à ton sol sacré pour
en disputer à l'Allemand la moindre parcelle, tes
flancs déchirés nous ont servi d'abri. Et que de
fois, en bonne mère, tu as enveloppé dans tes
replis tes fils tombés pour toi et restés sans sépul-

ture ! Aujourd'hui, tu pleures sur ton sol décharné et sur ta beauté flétrie. Puisse notre sang, qui en ruisselant sur ta terre en a fait une boue humaine, te rendre ta fertilité ! Puissent tes maisons et tes monuments renaître avec leur charme et leur splendeur d'antan ! Alors, nous qui t'avons tant aimée, nous aurons enfin la joie de te voir revivre dans ta prospérité, florissante comme autrefois et toujours parée de ton antique beauté.

SOURCES

R. Quenedey. — Carnets de campagne et Notes de voyage (manuscrits).

Alfred de Foville. — *Enquête sur les conditions de l'habitation en France.* — 2 vol. Paris, Leroux, 1894 et 1899.

Léandre Vaillat et André Ventre. — *La maison des pays de France. Les provinces dévastées.* — Texte de Vaillat et dessins de Ventre. — Paris, Ernest Flammarion, s. d.

Gustave Babin. — *Logis et maisons des champs.* — Dans l'*Illustration* du 20 janvier 1917. (N° 3855, 75ᵉ année). P. 46 à 51.

Vidal de la Blache. — *Tableau de la géographie de la France.* Dans Ernest Lavisse, *Histoire de France*, t. I. — Paris, Hachette 1908.

Albert Demangeon. — *La plaine picarde.* — Paris, Armand Colin, 1905.

J. Levainville. — *Rouen. Etude d'une agglomération urbaine.* — Paris, Armand Colin, 1913.

Jean Brunhes. — *La géographie humaine.* — Paris, Alcan, 1910. — Ch. III. Maisons et chemins, p. 93 à 299.

Léon Rosenthal. — *Villes et villages français après la guerre. Aménagement. Restauration. Embellissement. Extension.* — Paris, Payot, 1918.

F. Honoré. — *Le bilan des ruines.* — Dans l'*Illustration* du 18 janvier 1919 (N° 3959, 77ᵉ année). P. 64 à 66.

26

Le Sénat et les régions dévastées. Une enquête d'Hilaire Belloc. — Dans le *Journal de Rouen* du 28 mars 1919.

Bulletin de la Section d'information du G.Q.G. — Nouvelle série, nᵒˢ 81, 83, 85, 90, 92, 93, 94, 98, 102.

Union des grandes Associations françaises contre la propagande eunemie. *Bulletins de la 2ᵉ Année,* nᵒˢ 4, 5, 6, 9.

Atlas général de Vidal-Lablache. — Paris, Colin, 1909.

Bergaus. — *Physikalischer Atlas. Meteorologie.* — Gotha, Justus Perthes, 1887.

Carte de la France au 1/320.000. Feuilles de Lille, Mézières, Paris, Metz.

Carte de l'Etat-major au 1/80.000. Feuilles correspondant aux précédentes (entre 1 et 115).

Carte géologique de la France au 1/1.000.000.

Carte géologique de la France au 1/320.000. Plus spécialement: feuilles de Lille et de Paris.

Carte géologique de la France au 1/80.000. Plus spécialement : feuille de Soissons.

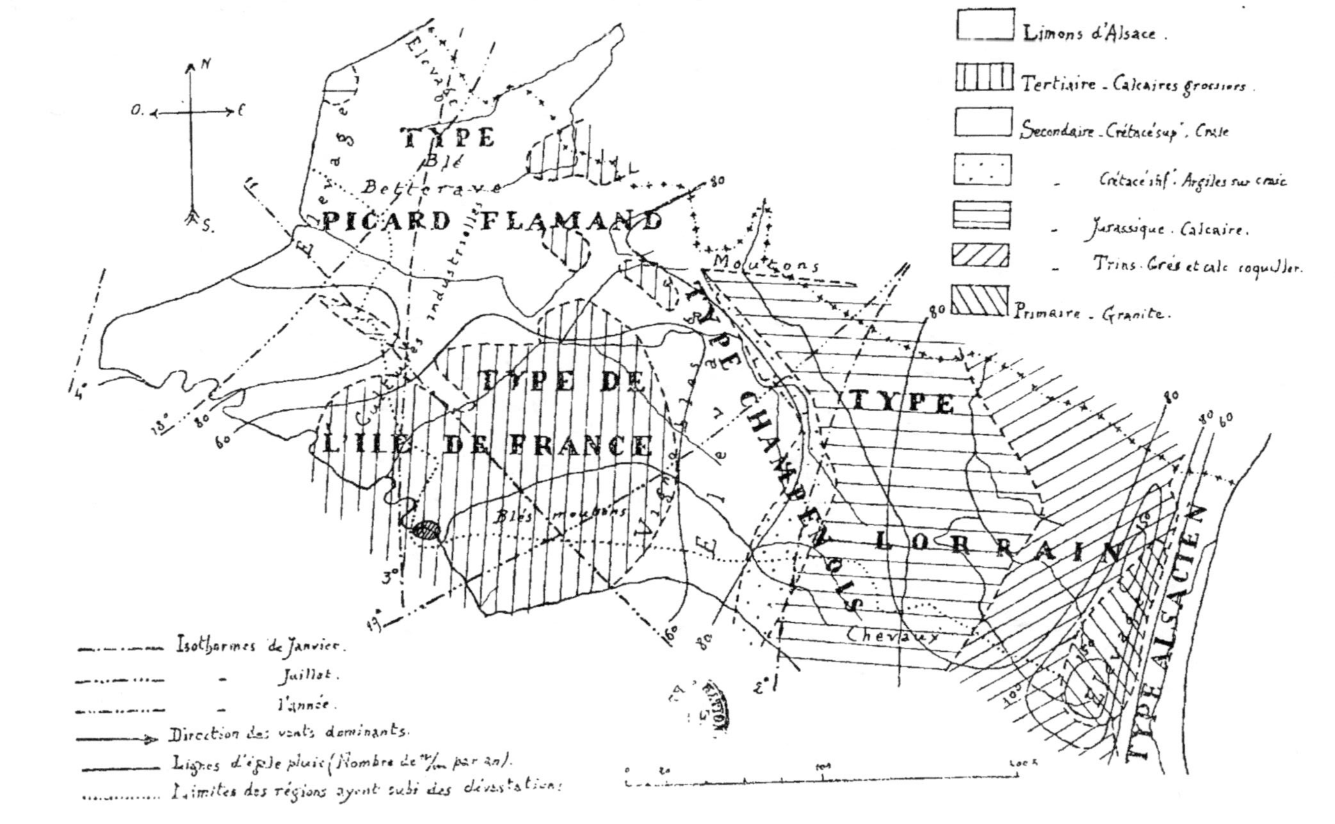

Limons d'Alsace.
Tertiaire - Calcaires grossiers.
Secondaire - Crétacé sup'. Craie
Crétacé inf'. Argiles sur craie
Jurassique - Calcaire.
Trias - Grès et calc. coquiller.
Primaire - Granite.
TYPE PICARD FLAMAND
Blé
Betterave
TYPE DE L'ILE DE FRANCE
TYPE CHAMPENOIS
TYPE LORRAIN
TYPE ALSACIEN
Moutons
Chevaux
Blés moutons
N
S.
O.
E.
Isothermes de Janvier.
Juillet.
l'année.
Direction des vents dominants.
Lignes d'égale pluie (Nombre de m/m par an).
Limites des régions ayant subi des dévastations.